AF503691

Projet

de Collége des Beaux Arts appliqués à l'Industrie.

Rapport

de la Commission consultative de l'Union Centrale des arts appliqués à l'Industrie.

Aut.e Mme Bénard, Seringe frères, Place du Caire, 2, Paris.

Projet
de Collège des Beaux-Arts
appliqués à l'Industrie.

Rapport
de la Commission Consultative
de l'Union Centrale
des Arts
appliqués à l'Industrie.

A Messieurs les Membres du
Comité d'organisation de l'Union Centrale
des Beaux Arts appliqués à l'Industrie.

Messieurs,

Lorsqu'en 1776, l'édit de Turgot vint supprimer le privilège des Corporations, une grande révolution s'opéra dans l'enseignement de la jeunesse destinée à l'Industrie et aux Arts qui s'y rattachent. Les conditions de savoir et d'aptitudes exigées pour l'exercice d'une profession étant devenues facultatives, avec la liberté de produire fut en quelque sorte reconnue la liberté d'ignorer. Il se peut que l'on nie l'influence de la tradition et la valeur des principes qui, avant le XIXe siècle présidaient à la composition plastique des œuvres de l'Industrie Française, mais il est un fait que l'on ne saurait contester, c'est notre infériorité relative, vis-à-vis de nous mêmes, depuis cette époque. L'exposition rétrospective du Palais de l'Industrie, due, Messieurs, à votre ardente initiative, a tristement démontré que les produits réunis par votre pieuse sollicitude révèlent une fécondité, une invention et un style qui ne nous sont plus familiers. Le régime d'une concurrence effrénée sous lequel s'exerce la pratique de l'industrie n'élève plus l'ouvrier à la hauteur de l'œuvre à créer, mais subdivise le travail pour l'abaisser à la taille de celui qui l'accomplit. Il n'existe plus de nos jours une main assez forte pour prendre la matière brute et pour l'assouplir, la façonner, la modeler, la ciseler, l'émailler, la dorer, lui donner en un mot une forme et une couleur qui soient le produit d'un acte réfléchi et l'expression d'un cœur humain. D'autre part, l'art lui même, flottant incertain entre quelques brillantes individualités sans écoles, cherche ses inspirations à la lueur de toutes les époques et au foyer de tous les arts éteints; de créateur, d'inventeur qu'il était, il s'est fait savant et, prenant trop souvent la mémoire pour le talent, il prétend servir nos besoins, nos goûts, nos aspirations modernes avec des solutions toutes faites et des formes de rencontre.

S'en suit-il pour cela qu'il faille regretter les institutions qui ne sont plus et que les écarts de la liberté puissent faire désirer de nouveau le régime du privilège? non assurément, chaque pays, chaque société, chaque époque a ses besoins particuliers et sa constitution propre. Si la suppression des maîtrises, la division du travail et la concurrence, ont apporté de grands troubles dans les conditions modernes de la production où l'art est appliqué, elles ont apporté avec elles une puissante source de richesse et d'activité dans notre pays; par elle notre commerce peut espérer un jour rivaliser avec le premier commerce du monde et le peuple tout entier jouit d'un bien être matériel que le travail abondant et la consommation à bon marché peuvent lui procurer. Il importe donc de rechercher si les conditions économiques au milieu desquelles nous sommes placés ne peuvent permettre à l'Industrie d'art française de reconquérir son antique suprématie et cela par la création d'institutions qui, plaçant la jeunesse dans des conditions meilleures, lui permette de rivaliser glorieusement avec les artistes qui les ont précédés dans la carrière.

Vous avez voulu, Messieurs, que nous cherchassions en commun un remède à la situation que nous venons d'indiquer. Vous n'avez pas cru que tout était pour le mieux dans l'Industrie que vous honorez par votre dévouement; et votre pensée de créer un Collège des Beaux-Arts appliqués à l'Industrie, est la preuve de votre désir d'améliorer l'instruction de la jeunesse en élevant la condition des artistes qui se vouent à cette branche si intéressante de la production. La Commission consultative après avoir pris connaissance des documents que vous lui avez communiqués, est heureuse de reconnaître qu'elle est en communauté parfaite de sentiments avec vous, elle veut tout ce que vous voulez, le progrès de l'art appliqué et l'amélioration morale et matérielle des hommes qui se livrent à son étude. Elle veut par dessus tout le maintien de notre antique suprématie française en Europe dans les œuvres du goût et elle se préoccupe avec vous du développement que prennent, dans un pays voisin les études que vous voulez propager. Aussi elle applaudit à tout ce que vous faites et à tout ce que vous projetez de faire, comme elle vous remercie du fond du cœur d'avoir bien voulu l'associer à vos efforts pour ranimer une ardeur qui sommeille, mais qui, grâce à Dieu, ne saurait s'éteindre.

Par suite des relations officielles entre le Comité d'organisation et la Commission consultative, sur la question du collège et sur l'avis que nous étions appelés à émettre à cette occasion, il a paru à quelques uns de nous que notre examen devait être restreint dans une limite déterminée et que les méthodes d'enseignement des Beaux-Arts devaient seules nous occuper. Cette opinion n'a pas été partagée par la majorité de la Commission et il lui a paru impossible de donner un avis fructueux sur une question de cette importance, sans pouvoir l'envisager d'ensemble pour bien en concevoir et mesurer le détail. Nous n'avons pas cru qu'il fut possible de séparer le but des mille moyens proposés pour y parvenir et il nous a semblé que la durée de l'enseignement, l'âge des élèves, les conditions d'admission et d'aptitudes et l'examen des études de toute nature, qui, s'effectuant parallèlement à celles des Beaux-Arts, peuvent en accélérer, transformer ou ralentir le développement, devaient être préalablement examinés. Avons-nous excédé la limite du champ d'investigation qui nous était tracé? Non assurément, si nous devons nous en rapporter aux paroles bienveillantes de M. le Président du Comité d'organisation dans la séance du 6 Mars 1866. Dans le cas contraire, nous prierions le Comité de nous pardonner. Chacun de nous ne pouvait agir que dans la limite de sa conscience; et décider d'un enseignement d'art sans tenir compte des causes qui peuvent en modifier les résultats, est engagé la responsabilité morale de chacun de nous. La Commission n'oublie pas d'ailleurs, que par la constitution même de l'Union elle tient ses pouvoirs du Comité, qu'elle n'a que voix consultative et qu'avec raison, ce dernier s'est réservé la liberté de suivre ou de ne pas suivre les avis qu'il sollicite.

C'est à Colbert, Messieurs, que remonte sinon la première idée du moins l'idée la plus complète d'un enseignement théorique et professionnel des arts appliqués à l'Industrie. En organisant, par l'édit de 1667, la création de la Manufacture Royale des meubles de la Couronne, le grand Ministre de Louis XIV, y posa nettement le principe d'une école destinée à former des industriels devant travailler dans ces établissements. Et comme il faut entendre par les meubles de la Couronne tous les objets qui étaient nécessaires à la décoration des châteaux royaux comme à l'usage privé du monarque, il en résulte que les Gobelins eurent une école où toutes les branches de l'Industrie d'art de cette époque furent étudiées. Soixante enfants choisis par le Surintendant en composaient le personnel. Après un apprentissage de deux années, ceux qui ne restaient pas à l'établissement, pouvaient à Paris ou dans toute ville du royaume, ouvrir atelier ou boutique, ils étaient dispensés des frais et du chef-d'œuvre obligatoires : leur séjour aux Gobelins, leur avait conquis la maîtrise. Mais ce qu'il est curieux d'observer, c'est que dans ce premier essai d'enseignement, la jeunesse confiée aux leçons de Lebrun, aussi bon peintre qu'habile décorateur, commence par étudier le crayon à la main et ne passe à l'atelier du Maître d'apprentissage pour devenir tapissier, orfèvre, ébéniste, lapidaire qu'après une longue étude d'art suffisante pour laisser entrevoir ses aptitudes spéciales. Malheureusement après la mort de Colbert et celle de Lebrun, l'établissement périclite, l'étude de l'ornementation décorative y est sacrifiée à l'étude de la figure humaine et bientôt sous Mignard et sous Leclerc, l'école des Gobelins n'est plus qu'une académie où se forment des sculpteurs et des peintres, mais où les praticiens de l'Industrie d'art ne trouvent plus l'enseignement qui leur est nécessaire.

Dans le siècle suivant, quelques villes de France désireuses de seconder les efforts de leur industrie d'art locale, créaient des Écoles de Dessin. C'est ainsi qu'en 1748, Reims fondait sous la direction de Ferrand de Monthélon, un enseignement du dessin, comprenant les principes de l'Architecture, de la Perspective, du Paysage et des Ornements. En 1750, le célèbre peintre Oudry, Directeur de la Manufacture de Tapisserie de Beauvais, créait une École gratuite de dessin pour les jeunes habitants de la ville à côté de celle de la Manufacture. En 1757, une École académique était créée à Lyon pour venir au secours des ouvriers de la fabrique. Dijon vit en 1765, son cours de dessin académique s'enrichir d'un cours spécial de sculpture d'ornement, et enfin en 1778, Tours, qui avait autrefois brillé par ses fabriques d'orfèvrerie, de poterie d'étain et d'étoffes de luxe, eut pour promoteur d'une tentative de résurrection de ses anciennes Industries, un modeste professeur, Charles Antoine Rougeot, qui modifia le plan d'une école académique préexistante pour la transformer en une École industrielle où l'enseignement du dessin ornemental avait la priorité. Pendant ce temps, à Paris, Jean François Blondel, l'Architecte, neveu du grand Blondel, fondait de ses propres deniers, rue de la Harpe, l'École des Arts, pour l'enseignement de l'art décoratif dans le programme de laquelle on trouve des cours s'adressant particulièrement aux « Menuisiers, Serruriers, Marbriers, Jardiniers et aux autres ouvriers qui font leur profession des arts mécaniques ». Tandis qu'à deux pas de là, Jean Jacques Bachelier, peintre de fleurs et peintre d'histoire attaché à la Manufacture de Sèvres, ouvrait en Septembre 1766, en vertu de son initiative privée et par les ressources de quelques amis, l'école de dessin de la rue de l'École de Médecine.

Bachelier avait compris qu'à côté des académies illustrées par les maîtres d'alors, il était bon qu'un enseignement élémentaire et populaire vînt permettre à la classe déjà si nombreuse des artisans de Paris de développer son jour et d'étudier les méthodes graphiques et pratiques de l'art du trait. Trois professeurs étaient attachés à cette École, l'un y enseignait l'Architecture, la coupe des pierres, la perspective et les mathématiques, le second, la figure et les animaux, le troisième l'ornement et les fleurs. Le développement de cette institution fut si rapide et son succès si complet que par lettres patentes du 20 Octobre 1767, le roi Louis XV, affermit et consacra l'École qui devint ainsi, Messieurs, l'École Royale de Dessin dont l'influence bienfaisante, s'exerçant encore de nos jours, constituait avec les Manufactures royales, le seul germe d'un enseignement théorique et pratique, bien que divisé de l'art appliqué à l'industrie (*)

La révolution vint renverser ces préliminaires d'un enseignement qui ne demandaient qu'à être développés et l'Empire n'eut que le temps de rétablir l'académie des Beaux-Arts, de rouvrir l'École de Rome et d'enrichir le Louvre. En ce qui touche l'industrie, il ne put qu'organiser sur de nouvelles bases les Écoles des arts et Métiers, les Manufactures Impériales et favoriser la Société d'encouragement. Malheureusement aucun lien ne fut créé pour souder ensemble un enseignement théorique et réellement pratique de l'art appliqué et nous arrivons à notre époque en constatant que s'il existe des Écoles où l'art peut sous enseigné et où l'étude du Dessin élémentaire soit professée dans des classes d'adultes, on ne saurait trouver un enseignement où la connaissance approfondie du beau et l'exercice de la composition soit pratiqué au point de vue de l'emploi de la matière et de ses applications dans l'industrie. C'est cette situation, Messieurs, qui a fait dire à un des illustres protecteurs de l'Union, dont la parole a près de vous, une si juste autorité; Monsieur le Comte de Laborde.

« Les artistes font des lors défaut à l'Industrie, « Avec la suppression des corporations avait disparu ce

(*) Cette partie historique est extraite d'un travail fort intéressant publié par notre érudit Collègue de la Commission M. Paul Mantz qui l'a inséré dans la Gazette des Beaux-arts.

« fond d'anciennes familles industrielles dans lesquelles
« se trouvaient les artistes de chaque spécialité. Désormais,
« un jeune homme, né dans un métier a-t-il quelques
« dispositions, il se croit du talent et il quitte son industrie;
« il la dédaigne pour transporter ses espérances et ses
« travaux dans une sphère qu'il croit plus élevée. L'industrie
« est livrée à des praticiens sans initiative, sans idées, et
« si elle demande des modèles aux artistes, ils les lui donnent,
« mais sans avoir la conscience de la destination des objets
« et des procédés employés à leur fabrication. Le créateur
« est d'un côté, le metteur en œuvre de l'autre et il s'élève
« des réclamations également justes des deux parts, les
« artistes sont mécontents de voir leurs modèles mal
« exécutés, les fabricants et leurs ouvriers déclarent ces
« modèles inexécutables. »

Ces paroles sont trop souvent encore, l'expression de la vérité, Messieurs; l'Industrie est dédaignée par de jeunes ambitions comme elle est aussi parfois le refuge de ceux que le grand art laisse incompris. L'ignorance des lois d'une composition toute spéciale, l'absence des études qui forment le goût et développent les qualités personnelles du style, la croyance qu'il ne suffit que de copier les meubles, les bronzes, les étoffes des époques qui nous ont précédé tendent à affaiblir les brillantes qualités qu'on ne pouvait jadis nous dénier. D'autre part, l'industriel qui n'a fait trop souvent, aucune étude d'art est sans goût, sans convictions, conséquemment, il n'est que marchand, il ne peut peser de son influence sur le choix du public et il ne se préoccupe que d'imiter les produits anciens avec les procédés modernes de la fabrication. Il en résulte que la division du travail, la concurrence, les progrès matériels de l'Industrie ne servent qu'à défrayer un luxe banal sans moralité parce qu'il est sans art.

Il s'en faut cependant que l'Industrie toute entière soit dans le même état d'absence de progrès. La division du travail qui cause en partie la faiblesse de l'Industrie d'art fait la prospérité de l'Industrie où la science exerce son empire. Il y a près de quarante ans trois savants se réunissaient et fondaient à Paris, sans subvention ni sans patronage gouvernemental une institution qui sera pour eux un éternel honneur, une École théorique et pratique de la science appliquée à l'industrie. Cette École dont la prospérité fut inouie parcequ'elle répondait à un besoin légitime et parfaitement constaté était un centre d'instruction élevé où la jeunesse venait recueillir le plus haut enseignement qu'il lui fut jamais offert. Sans être une École manuellement pratique l'École Centrale des Arts et Manufactures, fut un rayonnement scientifique tourné vers l'application. Aussi depuis cette époque toutes les Manufactures françaises et un grand nombre de celles étrangères y puisent leurs contre-maîtres, leurs chefs d'usines, leurs Ingénieurs et tout cet État-Major de l'armée pacifique de l'Industrie que la division du travail avait laissé sans chefs. Les services que cette École a rendus, Messieurs, sont tels, que les hommes les plus compétents lui attribuent la meilleure part dans la cause du progrès de la production et que le Gouvernement, gardien jaloux des intérêts du pays, a accepté d'en assurer à jamais la conservation en l'élevant au rang d'institution nationale.

Sans établir d'autre parallèle entre l'École centrale et le projet que vous avez formé que celui de deux fondations nées d'une commune situation économique et le but qu'elles poursuivent, l'une l'introduction de la science dans l'industrie, l'autre, la transformation de l'industrie par l'art, la Commission consultative s'est demandée si, dans une certaine mesure, l'établissement projeté n'avait pas une plus grande analogie avec cette École qu'avec un Collège.

1° Dans les documents qui nous ont été communiqués, on reconnaît que le Collège projeté devait recevoir de tout jeunes gens sans conditions d'aptitudes spéciales pour les Beaux-Arts, qu'ils y formeraient leur éducation universitaire par six heures d'études par jour, que les six autres heures de la journée seraient employées dans des ateliers professionnels d'art appliqué et qu'ils auraient pour développer en eux la connaissance du beau et les aptitudes de la composition, le spectacle d'artistes d'une supériorité reconnue travaillant dans des ateliers d'honneur et des visites dans les fabriques circonvoisines. Ces documens n'étant qu'un premier jalon de discussion. Aucun enseignement élevé et théorique de l'art n'y est indiqué ni aucune étude scientifique et technique capable d'initier les élèves aux procédés de transformation de la matière. Enfin ils ne font aucune mention de la durée des études ni des moyens capables de stimuler la jeunesse en lui donnant le moyen d'attester à sa sortie de l'École quel a pu être l'emploi du temps qu'elle y a consacré.

La Commission, Messieurs, vous demande la permission de vous dire qu'elle ne croit pas qu'une pareille institution puisse répondre complètement au but qu'on se propose. Elle croit qu'il y a lieu de faire pour l'art appliqué à l'Industrie ce que Dumas, Olivier et Péclet ont fait pour la Science appliquée à l'Industrie, mais que ce n'est pas avec une égale combinaison d'études universitaires et de pratique professionnelle enseignée à des enfants qu'on peut atteindre d'aussi importants résultats. Elle pense qu'il y a lieu de prendre le jeune homme à l'âge où, ses facultés commençant à se développer, sent un penchant pour les exercer dans une direction plutôt que dans une autre et alors que, débarrassé de toutes les études pénibles de l'instruction primaire, il peut développer son intelligence, par l'étude exclusive de l'art fécondée par un complément d'études scientifiques et littéraires venant apporter à son esprit la salutaire influence de la raison et du sentiment. Ce n'est donc pas un enseignement double qu'il convient de fonder suivant elle, mais un enseignement unique, celui de l'art, agrandi, élevé et fortifié des connaissances de toute nature susceptibles d'en assurer le plus complet épanouissement.

Nous croyons donc, Messieurs, à l'inutilité d'un enseignement classique confondu avec l'étude des Beaux-Arts. Ce qui manque à l'Artiste et à l'industriel c'est moins le baccalauréat qu'une éducation profondément artistique, développée au souffle d'une philosophie élevée des connaissances humaines. L'étude de l'art appliqué, à laquelle se rattache tant de connaissances scientifiques et archéologiques indispensables, est bien assez complexe de sa nature pour qu'il ne soit pas nécessaire d'y introduire, quant à présent, l'étude des langues mortes et la possession des grades universitaires. Serait-on bien sûr d'ailleurs de trouver dans l'industrie, ou dans la petite bourgeoisie de Paris, des pères de famille consentant à payer assez longtemps la rétribution du Collège projeté, pour que leurs fils y puissent conquérir le diplôme de bachelier, alors que ces derniers ne pourraient consacrer aux études nécessaires pour l'obtenir que la moitié du temps qu'on y consacre dans les établissements universitaires? Il a paru également que ce mélange de deux enseignements devait nuire à l'un et à l'autre: l'esprit de la jeunesse est prompt à s'enflammer et l'étude du dessin, avec son entraînement, n'est pas de nature à calmer de jeunes imaginations. Les meilleurs sujets de l'école pourraient réglementairement diviser en deux parties égales la journée pour en consacrer chaque partie à chaque étude différente, mais est-on bien sûr que la même ardeur présiderait aux deux occupations d'une même journée, et que l'une ne se ressentirait pas des préférences de l'autre? Si l'étude de l'art doit l'emporter, l'éducation littéraire en souffrira et le père de famille regrettera de n'avoir pas, tout d'abord, donné à son fils cette solide instruction indispensable dont une étude professionnelle viendrait le détourner. Si au contraire l'enseignement littéraire a toutes les préférences de l'élève, ne doit-on pas craindre d'en ralentir le développement par des travaux qui ne sont ni dans le caractère ni dans l'esprit du sujet et de forcer quand même une vocation qui ne serait tournée ni pour l'art ni pour ses applications?

D'autre part, si l'on se rend compte de ce qu'est réellement l'étude du dessin pris à un point de vue élevé on reconnaît que c'est bien plus une gymnastique de l'intelligence qu'une gymnastique de la main et conséquemment qu'il est inutile d'en fatiguer l'enfance. On peut apprendre à lire, à écrire, la musique même dans un âge tendre, par la raison que les principales facultés mises en jeu dans ces travaux relèvent de la mémoire. Pour le dessin au contraire, la compréhension domine. Le souvenir. La main n'obéit pas à l'œil directement, elle obéit à la volonté et pour que la volonté commande il faut que l'esprit ait saisi. De là l'impossibilité, suivant nous, de ne pouvoir former de jeunes dessinateurs sans que le jugement, la raison, le sentiment même aient pris un certain développement. Fonder une école de dessin pour des enfants c'est faire continuer à leur main l'exercice de l'écriture et rien de plus, l'art y est complètement étranger.

Toutes ces considérations aidant, la Commission serait d'avis que, l'établissement projeté ne devrait pas affecter le caractère d'un collège universitaire pour la moitié de la journée et d'une école d'art professionnelle pour le surplus. Qu'il convient bien plutôt de fonder un établissement sous le titre d'École des Beaux-Arts appliqués à l'Industrie n'admettant que des jeunes gens ayant pu manifester déjà leur vocation et ayant satisfait d'ailleurs à des examens d'entrée dont le programme pourra s'accroître avec le temps et suivant les observations recueillies, mais comprenant dès maintenant, la grammaire française complète, l'arithmétique, l'histoire, la Géographie, les éléments du dessin, c'est-à-dire tout le programme de l'enseignement primaire. Elle pense qu'une limite d'âge pour l'admission est nécessaire et qu'il convient de la fixer à 16 ans. Elle croit également, que si l'étude de l'art doit occuper toute la vie il est bon que l'enseignement pour le professorat n'absorbe pas trop longtemps l'élève et le laisse jeune encore à ses méditations et à son inspiration propre ; qu'en conséquence il est nécessaire de déterminer la durée des études dans l'École et il lui a paru que quatre années bien employées étaient suffisantes à la condition toutefois que l'étude de l'art théorique y aurait la plus large part.

La Commission consultative croit donc, Messieurs, que l'École projetée doit être une École théorique et pratique de l'art appliqué à l'Industrie avec tous les développements d'étude qui s'y rattachent le plus directement. Par théorique, elle entend l'enseignement le plus complet de l'art sous ses diverses manifestations et par pratique, elle comprend l'étude des moyens industriels à l'aide desquels l'art peut prendre une forme physiquement et moralement utile. Pour atteindre ce résultat, elle voudrait qu'un professeur aussi distingué que possible pût y développer l'amour du beau sous toutes ses faces, qu'il y enseignât sous le double aspect du sentiment et de la raison, l'étude des formes qui procèdent de la nature et celles qui puisent leurs moyens d'action dans une libre fantaisie basée sur l'harmonie des rapports, la grâce des contours et la séduction de la couleur. Elle voudrait qu'on y pût enseigner aux élèves que toute œuvre humaine peut être belle, quelle que soit la simplicité de sa forme et la nature de sa substance; que le beau étant la splendeur du vrai, l'homme peut imiter le Créateur en donnant aux produits de ses mains l'expression de la fonction et la logique de la matière. L'étude de l'art appliqué, envisagé à ce point de vue, embrasse non seulement l'industrie actuelle dans son développement de richesse et de luxe, mais encore toute l'industrie, même celle qui se fait laide et à bon marché pour tous. Les Grecs, nos maîtres en toutes choses n'avaient-ils pas un art qui était assez simple et assez grand tout à la fois pour inspirer le potier de terre qui fabriquait pour quelques pièces de monnaie la lampe du peuple?

A cet enseignement théorique de l'art devrait être joint un enseignement des procédés scientifiques et techniques de l'industrie. Pour que la génération d'artistes que nous voulons former soit bien les hommes du XIXe siècle et non pas les éternels reproducteurs de formes anciennes et de leurs moyens d'exécution, il faut que la matière leur soit connue, analysée, démontrée; qu'ils apprennent les procédés à l'aide desquels la science moderne, secondée des machines la transforme, la réduit, la rend accessible à recevoir un alliage, une couleur, une patine; de quelle façon elle se met en œuvre, se taille et s'assemble, enfin quels sont ses qualités et ses défauts dont la connaissance peut faire éviter des erreurs, déterminer des recherches et dans tous les cas rendre la composition plus féconde et plus profondément rationnelle.

Après avoir indiqué à grands traits le cadre artistique et scientifique dans lequel l'enseignement projeté devrait se mouvoir, hâtons-nous de vous dire, Messieurs, que nous croyons avec vous qu'il est nécessaire d'élever encore le niveau de l'intelligence de la jeunesse par l'étude du beau littéraire et par l'histoire. Nous voudrions qu'un cours développé dans les quatre années de l'enseignement lui fit comprendre les beautés des poëtes et des écrivains de l'antiquité et de la France, les transformations du beau qu'ils nous ont révélé, ses rapports avec le beau plastique des époques correspondantes et les variétés du symbolisme envisagées sous les divers aspects de l'esprit humain. D'autre part, l'histoire considérée au point de vue où l'on placé les études historiques des Guizot et des Augustin Thierry, si bien continuées par des écrivains tels que MM. H. Martin, Duruy, Éd. Charton &c. serait exposé aux élèves, dans une série de cours depuis les temps anciens jusqu'à nos jours; ils puiseraient dans cette étude le moyen de comprendre et d'expliquer les transformations successives des civilisations dans leur rapport avec le développement de l'art et en même temps l'histoire de l'Industrie dont le progrès se rattache si douloureusement et si glorieusement à l'histoire des peuples. Enfin un cours de philosophie et d'histoire de l'art en général serait de nature à lier ensemble les grands principes des périodes tout en faisant comprendre le côté pratique des meilleures écoles d'esthétique. Ces cours élevés devraient donner lieu à des rédactions obligatoires qui auraient pour effet de mieux graver dans l'esprit des élèves les faits et les conséquences qu'il convient d'en tirer en même temps qu'elles les habitueraient à entretenir chez eux le goût du style littéraire. La Commission recommande également, Messieurs, l'étude de la Géographie et la connaissance de deux langues modernes, l'Anglais et l'Allemand comme propres à favoriser les relations commerciales, les bons rapports entre les Artistes des divers pays et la connaissance des publications internationales qui intéressent l'art et l'industrie. Elle pense également que si la France est désireuse de voir l'industrie d'art s'ouvrir de nouveaux débouchés et prendre un caractère de produits destinés à étendre nos relations, il serait nécessaire que les jeunes gens qui se livrent à son étude connussent les éléments de la science économique et pratique, celles de la Comptabilité commerciale et enfin la législation qui préside aux transactions.

Après avoir montré de quelle façon l'enseignement devrait être conduit et quels services la science, la littérature, l'histoire, les langues, la géographie, les éléments de l'économie politique, de la législation commerciale et de la comptabilité peuvent rendre à l'étude de l'art appliqué, la Commission se hâte d'ajouter qu'elle considère comme étant de la plus haute importance l'étude de la composition.

Dans un art où l'exécution est beaucoup assurément, mais où l'invention, la fantaisie, l'ajustement sont plus encore, il est nécessaire de développer ces facultés si rares et si précieuses. C'est par leur exercice fréquent et répété que le style s'acquiert et c'est assurément la plus belle des conquêtes de l'artiste. La Commission voudrait que dès la 2e année d'études, les élèves, par des programmes variés et obligatoires pour toute une classe, fussent obligés d'exercer leur imagination et d'interpréter les règles de la composition. Ils apprendront ainsi quels sont les services que l'Industrie réclame d'eux et stimulés par l'émulation et le spectacle de plusieurs compositions conçues sur la même donnée, ils développeront leur esprit inventif en mettant en pratique dans l'école même, les saines traditions qui leur auront été exposées et les préceptes qu'ils y auront reçus. Envisagée à ce point de vue l'École projetée devient un établissement où l'enseignement peut s'élever à la hauteur des plus hautes conceptions de l'art, tout en restant pratique et professionnel, puisque le jeune homme qui en sortira sera initié à toutes les difficultés de l'Industrie et qu'il sera capable d'occuper dans toute manufacture la position qu'y peut prendre le représentant de l'art possédant une somme d'études considérables.

Si nous nous sommes bien fait comprendre ce n'est pas une école manuellement professionnelle que nous demandons, où la matière soit employée à la sueur du corps, ce qui constituerait une véritable école d'apprentissage de métier, mais une École où la division moderne du travail étant respectée il s'agisse bien moins de former d'habiles ouvriers que des artistes et des directeurs d'ouvriers, capables de concevoir une œuvre dans son ensemble comme dans ses détails et susceptibles d'en pouvoir exécuter toute la partie vraiment artistique.

Nous croyons également, Messieurs, que malgré les examens nécessaires pour entrer à l'École des arts appliqués, il ne convient pas de présumer à l'avance la nature des aptitudes variées des candidats; cet examen d'ailleurs, ainsi que nous l'avons fait comprendre, touche plus à l'instruction élémentaire indispensable, qu'à des études de dessin qui ne pourraient être que bien imparfaites. Il faudrait donc se garder suivant nous de diviser l'enseignement en variétés de classes correspondant aux diverses applications de l'industrie, ainsi que les documents communiqués semblent l'avoir admis. Si jamais il convient de rappeler que l'art est un et qu'il a besoin pour être compris d'être envisagé dans ses multiples manifestations, c'est assurément dans l'Industrie où tout objet semble devoir être une synthèse du beau susceptible d'en recevoir toutes les expressions. Nous pensons donc que l'enseignement complet de l'École étant de quatre années, les trois premières devront être employées en exercices communs à tous les élèves et que la dernière année seule pourra être un enseignement particulier aux aptitudes qui se seront révélées précédemment. De cette façon l'Artiste industriel ne sera pas tout spécialement un ornemaniste, un modeleur, un peintre céramiste ou un dessinateur de meubles ou de dentelles, il n'aura pas appris le beau dans une étude exclusive et restreinte, conséquemment ses idées s'agrandiront, il deviendra propre à la conception complète d'une œuvre et pourra y consacrer toutes les séductions de la variété. La dernière année seule permettra une étude plus spéciale à une branche de l'art, mais la Commission espère que même pendant cette période les exercices de composition seraient dirigés à l'aide de programmes qui sans négliger le détail d'une œuvre complexe obligeraient toujours les élèves à ne jamais perdre de vue l'ensemble.

De tout ce qui précède, il résulte que l'enseignement de l'École projetée devant se prolonger quatre années, les élèves y devraient être répartis en quatre grandes divisions, pendant la durée desquelles deux natures d'enseignement leur serait distribuées; la première la plus importante et la plus délicate c'est l'enseignement des Ateliers. Les arts ne peuvent être cultivés exclusivement et efficacement avec des discours ou des leçons orales: sentir est assurément quelque chose, mais rendre est encore plus. L'artiste a plus à faire que de jouir pour son propre compte, il faut encore qu'il crée des jouissances pour ses semblables. Le dessin, le modelage et tout procédé qui consiste à traduire matériellement la pensée exigent un certain développement d'intelligence et un profond exercice de la main, qui peut dire si dans l'effort de volonté nécessaire pour interpréter une forme belle, il n'y a pas une complète simultanéité de l'adresse de la main et de l'intelligence qui la conçoit? Les travaux des ateliers devraient donc occuper la plus grande partie du jour et nous estimons que si dix heures de travail doivent être employées à l'École, sept heures devront être occupées à cette première partie des études. Les leçons orales faites aux salles de Cours et comprenant les études de science, de littérature, d'histoire, etc. devraient n'occuper que deux heures chaque jour.

La Commission, Messieurs, n'a pas voulu approfondir les mille méthodes d'enseignement du dessin et vous recommander plus particulièrement, tel mode que tel autre. Toutes les méthodes lui paraissent discutables.

quand elles sont exclusives et d'ailleurs leur excellence tient beaucoup plus à la valeur du professeur qu'au fond même du procédé. Elle fait exception cependant pour une application de la mémoire aux formes plastiques si ingénieusement mise en pratique par M. Lecoq de Boisbaudran et qui lui paraît de nature à rendre de grands services pour l'étude de l'art appliqué plus encore que pour la peinture. Elle pense donc qu'il y a lieu de se borner en plus de cette méthode à recommander celle qu'a fait tous les grands maîtres de tous les temps et qui est celle qui est la plus universellement admise; elle consiste à faire dessiner d'abord d'après le modèle plan, puis d'après le relief ou la bosse et finir par le dessin d'après nature.

Pour le choix des modèles et la discussion des armes qui doivent faire autorité dans un enseignement elle vous demande la permission de renvoyer au travail, si élevé, si complet et si judicieusement analysé de M. Guillaume, membre de l'Institut (Rapport sur l'enseignement des arts du Dessin à propos du concours des Écoles, Exposition de 1865) après un travail de la valeur de celui dont il s'agit la Commission ne peut que féliciter l'Union de l'avoir inspiré et lui conseiller de donner l'exemple après le précepte en l'introduisant dans la pratique de l'enseignement.

Nous plaçons ici un tableau de l'ensemble des variétés d'études à faire faire dans les ateliers réparties dans les quatre années et nous y joignons un second tableau de l'enseignement oral où les divers cours sont classés suivant leur importance, leur nature et les avantages présumés que les élèves en peuvent tirer. Il va sans dire, Messieurs, que la Commission n'a pas la pensée de déterminer ici, d'une façon absolue l'ordre, l'importance et tout le détail d'une aussi vaste organisation que celle dont il s'agit. Elle suppose qu'un Conseil de perfectionnement s'inspirant des observations des professeurs et particulièrement des besoins des élèves et de ceux de l'Industrie, viendrait apporter chaque année son contingent de lumière et de réformes pour améliorer ce que sa prévoyance, quelque ingénieuse qu'elle puisse être, ne peut envisager à l'avance. La perfection n'est approchable qu'à la condition de tenir compte de l'expérience et à cet égard les grandes écoles aussi bien que l'Université elle-même, en donneraient l'exemple s'il était possible de le méconnaître.

Travaux dans les Ateliers.

	1ère Année. (Études communes à tous les Élèves).	2ème Année. Études communes à tous les Élèves.	3ème Année. Études communes à tous les Élèves	4ème Année. Études suivant les aptitudes particulières
Géométrie.	Dessin Géométrique (d'après le modèle plan).	Épures de Géométrie descriptive (d'après les notes des Cours).	Épures d'ombre et de perspective (d'après les notes des Cours).	Études de compositions d'art appliqué à l'Industrie, sur programmes déterminés et choisis parmi les objets nécessaires à la vie moderne et à la décoration des Édifices et principalement en vue des diverses professions dans lesquelles les Beaux-Arts trouvent leur application.
Architecture.	Dessin architectural (d'après le modèle plan).	Dessin architectural (relevé d'après nature)	Dessin architectural et ornemental (d'après nature et à main levée) id. de Mémoire.	
Ornement et Végétal.	Dessin ornemental et végétal (d'après le modèle plan).	Dessin ornemental et végétal (d'après le modèle en relief) id. de mémoire.	Dessin du Végétal (d'après nature). idem de mémoire.	
Figure humaine et animaux.	Dessin de la figure humaine et animaux (d'après le modèle plan).	Dessin de la figure humaine et animaux (d'après le modèle en relief). idem de mémoire.	Dessin de la figure humaine et animaux (d'après nature). idem de mémoire.	
Modelage.	Modelage ornemental.	Modelage ornemental et végétal (d'après le modèle en relief).	Modelage du Végétal (d'après nature)	
id.		Modelage de la figure humaine et animaux (d'après le modèle en relief).	Modelage de la figure humaine et animaux (d'après nature).	Dessin et Modelage de l'Architecture, de l'ornement, de la plante, de la figure humaine et des animaux. d°. de mémoire.
Composition		Études de compositions ornementales (détails).	Études de compositions d'ensemble	
Coloration			Études de coloration ornementale et murale d'après les plus beaux modèles et par tous les procédés.	

Travaux dans les Ateliers.

	1ère Année. (Études communes à tous les Élèves.)	2ème Année. Études communes à tous les Élèves.	3ème Année. Études communes à tous les Élèves.	4ème Année. Études suivant les aptitudes particulières.
Géométrie.	Dessin Géométrique (d'après le modèle plan).	Épures de Géométrie descriptive (d'après les notes des Cours).	Épures d'ombre et de perspective (d'après les notes des Cours)	Études de compositions d'art appliqué à l'Industrie, sur programmes déterminés et choisis parmi les objets nécessaires à la vie moderne et à la décoration des édifices et principalement en vue des diverses professions dans lesquelles les Beaux-Arts trouvent leur application.
Architecture.	Dessin architectural (d'après le modèle plan).	Dessin architectural (relevé d'après nature)	Dessin architectural et ornemental (d'après nature et à main levée) id. de Mémoire.	
Ornement et Végétal.	Dessin ornemental et végétal (d'après le modèle plan).	Dessin ornemental et végétal (d'après le modèle en relief) id. de mémoire.	Dessin du Végétal (d'après nature) idem de mémoire.	
Figure humaine et animaux.	Dessin de la figure humaine et animaux. (d'après le modèle plan).	Dessin de la figure humaine et animaux. (d'après le modèle en relief). idem de mémoire.	Dessin de la figure humaine et animaux (d'après nature). idem de mémoire.	
Modelage.	Modelage ornemental.	Modelage ornemental et végétal (d'après le modèle en relief).	Modelage du Végétal (d'après nature)	
id.		Modelage de la figure humaine et animaux. (d'après le modèle en relief).	Modelage de la figure humaine et animaux (d'après nature).	Dessin et Modelage de l'Architecture, de l'ornement, de la plante, de la figure humaine et des animaux. id. de mémoire.
Composition		Études de compositions ornementales (détails).	Études de compositions d'ensemble.	
Coloration			Études de coloration ornementale et murale d'après les plus beaux modèles et par tous les procédés.	

Enseignement Oral.

	1ère Année.	2e Année.	3e Année.	4e Année.
Littérature.	Analyse des Littératures Grecques et Latines.	Continuation de la Littérature antique et Littérature du Moyen-âge	Analyse de la Littérature depuis la Renaissance jusqu'à nos jours.	Études sur le Symbolisme sacré et profane.
Histoire.	Histoire Ancienne. (Jusqu'à la chûte de l'Empire Romain.)	Histoire du Moyen-âge. (depuis la chûte de l'Empire Romain, jusqu'au XVIe S.)	Histoire Moderne (Depuis la Renaissance jusqu'à nos jours)	Histoire des Civilisations (Résumé historique).
Géographie	Géographie ancienne.	Géographie Moderne	Géographie Moderne.	
Langues Vivantes.	Langue Anglaise et Allemande.	Langue Anglaise et Allemande.	Langue Anglaise et Allemande	
Mathématiques appliquées	Arithmétique et Géométrie complètes	Géométrie descriptive.	Tracé d'ombre et perspective.	
Sciences Naturelles.	Anatomie du corps humain	Chimie et physique élémentaires.	Histoire naturelle (Botanique).	Théorie de la lumière et des Couleurs
Science industrielle.		Technologie industrielle générale.	Technologie industrielle spéciale	Économie politique, législation commerciale et Comptabilité.
Esthétique de l'art.		Histoire et analyse de l'ornement dessiné au Tableau (Époques antiques).	Histoire et analyse de l'Ornement Dessiné au Tableau (Époque moderne).	Histoire et philosophie de l'art.

Vous avez pensé, Messieurs, que dans une organisation d'École de la nature de celle dont il s'agit il serait bon de ménager des locaux, dits Ateliers d'honneur, concédés temporairement à des artistes hors ligne, chargés d'exécuter un travail offrant un intérêt artistique, de telle sorte que la jeunesse puisse se familiariser dans l'intérieur même de l'Établissement, avec la pratique des maîtres. La Commission approuve cette disposition dans les termes que nous venons de rapporter à la condition que le spectacle des œuvres qu'on offrirait aux élèves ne serait pas de nature à constituer un enseignement en opposition avec celui de l'École. Cette fréquentation des maîtres et des élèves a toujours existé dans toutes les grandes époques et il est inutile de remonter à celles de Périclès et de Léon X pour en trouver de fréquents exemples. Dans ces derniers temps les Gobelins et l'Institut lui même ont possédé des ateliers formant un centre intellectuel et artistique. Nul doute que si des artistes de mérite consentent à se grouper au sein même de l'École, les élèves trouveront dans la fréquentation de ces ateliers un stimulant à un enseignement d'école dont le caractère est trop souvent spéculatif, et d'ailleurs s'il peut jamais se produire à Paris un foyer de travail d'émulation et d'idées tourné vers l'art, ce ne pourra être qu'au grand profit de la jeunesse, des artistes et du progrès.

Au point de vue du professorat, la Commission vous prie, Messieurs, de le choisir moins parmi les artistes qui ont une égale admiration pour toutes les époques de l'art que parmi ceux qui ont une foi déterminée et qui n'admettent pas que les diverses transformations depuis l'antiquité jusqu'à nos jours puissent être appréciées sans critique comme sans examen sérieux. Depuis cinquante ans, nos arts décoratifs sont dans une période de transition pendant laquelle nous passons tour à tour d'une imitation à une autre imitation, sans raison, sans conviction et par le simple fait du caprice. Il serait temps de mettre un terme à ces reproductions systématiques qui accusent si fortement notre impuissance et ne nous font plus que les échos affaiblis de notre gloire passée. Étudier toutes les époques est une chose bonne, salutaire, utile en elle-même, mais combien cette méthode est dangereuse si l'enseignement ne justifie pas la cause de ces transformations, ne la rattache pas au milieu sous l'empire duquel elles se sont développées et ne signale ni les écueils ni les erreurs des styles qui se sont succédé. Le devoir du professeur est de montrer aux élèves quelles sont les formes particulières qui constituent le beau et il doit suivre la trace de son esthétique dans tous les exemples qu'il développe sous leurs yeux. Chaque grande période porte avec elle le germe de sa décadence, qui tarde plus ou moins à se développer, mais qu'il faut montrer avec non moins d'énergie que ses grandes beautés. Tout louer sans critique jette l'esprit de la jeunesse dans un vague indéfinissable dont le moindre inconvénient est de créer le scepticisme. En matière d'art il faut une foi et partir d'un point qui résume la tradition qu'on accepte pour s'élever de là vers les hauteurs de l'idéal. Agir autrement ce serait se constituer un enseignement aussi vide que dangereux et qui aurait pour conséquence de prolonger indéfiniment cette période de tâtonnements et d'imitation que nous traversons.

La Commission appelle encore votre attention, Messieurs, sur une question importante; il ne suffit pas que l'enseignement de l'École soit excellent et que les élèves en tirent un grand profit, il faut encore que l'Industrie y vienne puiser la génération de jeunes artistes qui doit seconder ses efforts. Dans les écoles de science, des diplômes de sortie sont délivrés qui sont des titres pour les élèves et qui leur assurent un avenir. Malheureusement il ne peut en être ainsi pour une École d'art, dans le sens rigoureux du mot. Nous nous sommes demandé si le sentiment individuel qui constitue l'essence de l'artiste peut admettre un certificat d'aptitude ou un diplôme de talent délivré au nom d'un autre sentiment individuel ou collectif et il a paru que sans toucher à une aussi grave question, il serait possible de décerner à chaque élève sortant de l'École, c'est-à-dire, ayant pu atteindre la fin de la quatrième année par des études persévérantes: un Livret Certificat. Cette pièce qui serait l'historique des travaux de l'Élève, et relaterait les places obtenues par lui dans toutes les facultés de l'Enseignement pourrait permettre d'envisager dans le résumé qui le terminerait, l'ensemble des études de l'Élève. Un Diplôme délivré sous cette forme n'aurait aucun caractère de titre absolu, mais laisserait néanmoins l'industriel en position d'apprécier toutes les aptitudes de celui qu'il concernerait.

Ici, Messieurs, se présentait une grave et importante question que nous n'abordons qu'avec réserve et discrétion, parce qu'elle touche moins au principe de l'enseignement qu'au côté financier de l'opération, c'est celle qui concerne l'internat ou l'externat des Élèves. Nous ne voulons pas rechercher quels peuvent être les avantages matériels de l'internat et si c'est là le seul moyen de faire vivre et prospérer l'établissement, qu'il nous suffise de dire que conçu sous cet aspect, il ne parait pas offrir de suffisantes facilités pour la jeunesse. L'école projetée doit réussir parcequ'elle est l'expression d'un besoin non contesté et parce qu'elle répond à la même pensée que toutes les écoles professionnelles fondées en France depuis cinquante ans : la substitution de l'enseignement collectif à un enseignement particulier qui n'existe plus ; le remplacement de l'apprentissage de l'art, disons le mot, par les leçons de maîtres habiles associés dans un même but et secondés par l'émulation de tous. Créant une école où la rétribution scolaire serait élevée on pourrait avoir les fils de quelques riches industriels, assez nombreux peut être pour défrayer un établissement restreint, mais est on bien sûre que fondé sur cette base étroite, l'institution répondrait aux besoins de l'industrie et correspondrait aux sentiments démocratiques du pays si admirablement compris dans toutes les écoles ayant un caractère professionnel. S'il était possible que l'Union eut la pensée de faire une spéculation au lieu d'une oeuvre toute de dévouement et de sacrifices, nous lui conseillerions encore d'appeler à cette école le plus grand nombre possible d'élèves en diminuant la rétribution. Ouvrir ses portes à deux battants à toute cette jeunesse qui encombre toutes les issues, qui veut se créer un avenir et dont la famille ne peut supporter de trop lourdes charges, c'est appeler à soi, quatre et cinq cents jeunes gens chaque année. C'est d'autre part faciliter le nombre de bourses en faveur de ceux qui nés pauvres n'ont que ce beau patrimoine, l'intelligence et la volonté. Il faut bien le reconnaître, l'Industrie dans notre pays, même l'Industrie d'art, n'est guère encore que l'apanage de ceux qui ne peuvent aborder les professions libérales. Si pour devenir orfèvre, fabricant de meubles ou dessinateur de fabrique il faut que le père de famille consacre pour son fils les sommes que l'Étude de la Médecine ou du Droit peuvent lui coûter, il y a là, Messieurs, un danger, celui de créer une École aristocratique, peu fréquentée et qui serait le gage d'un nouveau temps d'arrêt au progrès que vous avez rêvé. Mais permettez-nous d'appeler encore une fois votre attention sur cette école dont nous vous entretenions précédemment. Là, tous les frais sont faits au profit de l'enseignement et l'élève ne paye réellement que la rétribution basée sur sa consommation intellectuelle. En transformant votre collège interne en une école externe avec quelques chambres seulement pour les élèves de province ou de l'étranger, il vous sera facile d'y recevoir quatre fois plus d'élèves que vous n'eussiez pu le faire, sans augmenter sensiblement les frais du professorat et ceux du local, vous aurez facilité au père de famille, petit fabricant ou petit bourgeois, le moyen de vous envoyer son fils et vous vous serez débarrassés de tout un ensemble de frais qui donnerait à votre création un caractère qu'elle ne peut avoir. De plus vous laissez à la famille le soin de l'éducation morale et religieuse, les préoccupations de l'hygiène et de la santé et vous diminuez pour l'élève, qui n'est privé cependant ni de tutelle ni de surveillance morale, la lourdeur de la discipline de l'éducation en commun. Si vous n'avez plus charge d'âme complète, il vous restera encore la culture de l'intelligence au foyer de l'art, c'est-à-dire, la plus douce mission que des hommes comme vous puissent se donner et la seule que vous ayez en vue dans l'œuvre que vous avez si généreusement entreprise.

La Commission consultative avait encore élucidé, Messieurs, un certain nombre d'autres points touchant l'organisation et l'enseignement de l'École, mais elle ne croit pas devoir les consigner ici dans la crainte d'étouffer les principes généraux sous la multiplicité des détails, elle avait d'ailleurs le désir de clore au plus vite un rapport dont l'étendue n'est que trop considérable. Elle termine donc en vous demandant la permission d'insister plus particulièrement 1° Sur la nécessité de créer moins un collège universitaire avec des leçons d'art appliqué données à de jeunes amateurs, qui n'auraient pas une vocation déterminée, qu'une École d'art aussi complète et aussi élevée dans son cadre spécial que le professorat dont on pourra disposer le permettra. 2° Sur la nécessité de faire passer en première ligne la synthèse de l'art avant son application, cette dernière ne pouvant être qu'infructueuse si elle est prématurée. 3° Enfin, sur la nécessité de rendre accessible au plus grand nombre à l'aide de l'externat un enseignement si utile et si profitable à la gloire comme aux intérêts du pays.

Il est encore un point Messieurs, sur lequel nous vous demandons la permission d'insister, c'est celui qui consiste à maintenir fermement l'École dans la spécialité que vous lui avez tracée. Si Colbert et Lebrun nous ont ouvert la voie qu'il convient de suivre plaçons cette institution sous l'égide de ces deux grands noms qui résument si bien l'Industrie et l'Art et rappelons nous qu'après eux leur œuvre périclita parce que les successeurs de ces deux grands hommes ne comprirent pas qu'à côté des Académies de peinture et de sculpture existantes il n'y avait pas à créer une nouvelle académie. L'École des Gobelins périt et devint inutile parce qu'elle ne maintint pas au premier rang l'enseignement de l'art décoratif appliqué, c'est-à-dire l'étude de la forme pour elle-même enrichie par la végétation du caprice et de la fantaisie. Les meilleures Institutions tombent en oubliant le but originel, la vôtre se maintiendra en ne perdant jamais de vue qu'il ne s'agit pas de fonder une rivale à l'École des Beaux-Arts mais bien une École où l'art soit envisagé au point de vue si fécond et élevé et si pratique, nous ne craignons pas de le dire, que celui que nous avons indiqué.

Vous nous pardonnerez, nous l'espérons, Messieurs, d'avoir longuement et profondément embrassé le sujet que vous avez livré à nos méditations, la difficulté de bien résoudre la question justifie la controverse qu'elle cause et la divergence de quelques unes de nos idées avec les vôtres, mais quoiqu'il arrive et quoi que vous fassiez, quelque soit le sort de nos observations, nos sympathies et nos voeux vous suivront encore parce que la cause que vous avez entreprise est grande et que nous ne différons que sur quelques uns des moyens de la servir. Nous tenons moins à ce que l'expérience consacre la valeur de nos idées qu'à constater le plus tôt possible la prospérité d'une institution qui sera le couronnement de tout ce que vous avez entrepris déjà pour l'alliance de l'Art et de l'Industrie.

Paris, 8 Juin 1866.

G. Davioud.

signé

J. Klagmann.

www.ingramcontent.com/pod-product-compliance
Ingram Content Group UK Ltd.
Pitfield, Milton Keynes, MK11 3LW, UK
UKHW021206230726
13926UKWH00001B/338

9 782014 097115